古地名裡的台灣史

北部篇

宋彥陞——著
紹華——繪

目錄

作者序　透過地名，一同踏上認識台灣的歷史之旅！　006

第一部
基隆市・台北市

第1站　基隆：形似雞籠的港都　012
當地人與事　採礦致富的顏雲年　016

第2站　貓空：果子狸出沒的坑谷　018
當地人與事　保佑民眾的呂洞賓　022

第3站　大稻埕：淡水河畔的晒穀場　024
當地人與事　膠彩畫大師郭雪湖　028

第4站　萬華：停泊獨木舟的港口　030
當地人與事　台灣近代雕塑先驅黃土水　034

第5站　士林：讀書人雲集的聚落　036
當地人與事　台灣研究推手楊雲萍　040

第二部

新北市

第6站 北投：水氣瀰漫的溫泉勝地 042
當地人與事 來台煉製硫磺的郁永河 046
第7站 猴硐：猴子洞穴變貓村 050
當地人與事 擅長說故事的吳念真 054
第8站 野柳：地形奇特的魔鬼岬 056
當地人與事 台灣公共藝術先行者楊英風 060
第9站 金瓜石：礦山外形像南瓜 062
當地人與事 縱橫礦業與政界的李建和 066
第10站 三重：第三塊新生平地 068
當地人與事 永遠的影后林青霞 072

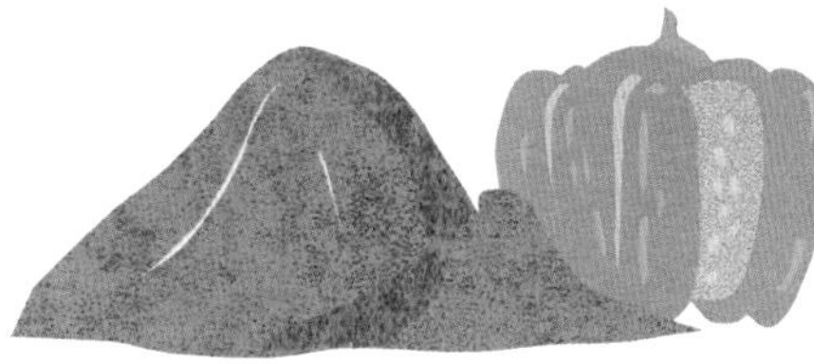

第三部

桃園市・新竹縣・苗栗縣

第11站　新莊：商人聚集的新興村莊　074

當地人與事　製鼓專家王阿塗　078

第12站　淡水：船員補充飲水的地方　080

當地人與事　宣揚基督教的傳教士馬偕　084

第13站　三峽：三條溪匯合的城鎮　086

當地人與事　走出畫室的藝術家李梅樹　090

第14站　大溪：物產豐富的河港聚落　094

當地人與事　憑藉樟腦業崛起的簡阿牛　098

第15站　龍潭：黃龍出沒的陂塘　100

當地人與事　台灣歌謠之父鄧雨賢　104

第16站　中壢：北部大城的中繼站　106
當地人與事　替慰安婦發聲的劉黃阿桃　110
第17站　新竹：竹林茂密的古城　112
當地人與事　開台進士鄭用錫　116
第18站　關西：形似土甕的城鎮　118
當地人與事　台灣文學鬥士吳濁流　122
第19站　公館：官員的辦公館舍　124
當地人與事　守護偏鄉的醫師謝春梅　128
第20站　三義：河流交叉的木雕聚落　130
當地人與事　開創木雕王國的吳進寶　134
後記　136
參考資料　140

作者序

透過地名，一同踏上認識台灣的歷史之旅！

對於在高雄出生、屏東長大、台北求學和就業的我來說，每次被問到「你是哪裡人？」這個問題，頓時不知道該回答出生地、戶籍所在地還是現居地。所以，我總是對提問者「全盤托出」，由對方自行決定這題的「正確答案」。

姑且不論自己是高雄人、屏東人抑或半個台北人，我作為一九八八年出生的土生土長台灣人，從小到大接受的歷史和地理教育仍以中國史地為主；即便後來就讀歷史系，我依舊選擇中國歷史為研究主題，直到服兵役期間才在同袍影響下，對台灣史地產生興趣，進而投入研究。

時至今日，我們面對外國人詢問「你是哪裡人？」這個問題，已經可以自信說出我們所在這塊土地的名字。不過，你是否認真想過我們對於台灣發生過的事件、存在過的人物，乃至現代社會為何會變成這副樣貌，經常是知其然而不知其所以然。

秉持對於歷史這門學問的熱愛，我有機會進入國立台灣大學研習歷史知識，因緣際會投入歷史普及事業，繼而有幸獲得時報出版邀請，將自身所學化為各位正在閱讀的「時空偵探」系列這套作品。

如同之前出版的《世界古文明之旅》，這次新推出的《古地名裡的台灣史》，同樣是以我在《國語日報週刊》連載的內容為基礎，重新改寫及擴充而成。

除了向讀者介紹台灣許多鄉鎮的地名沿革、著名景觀、特色產業等面向，本書還透過「當地人與事」短文，帶著大家認識與當地因緣匪淺的重要人物。期待大家把本書當作邀請卡，跟著我一同踏上認識台灣的歷史之旅！

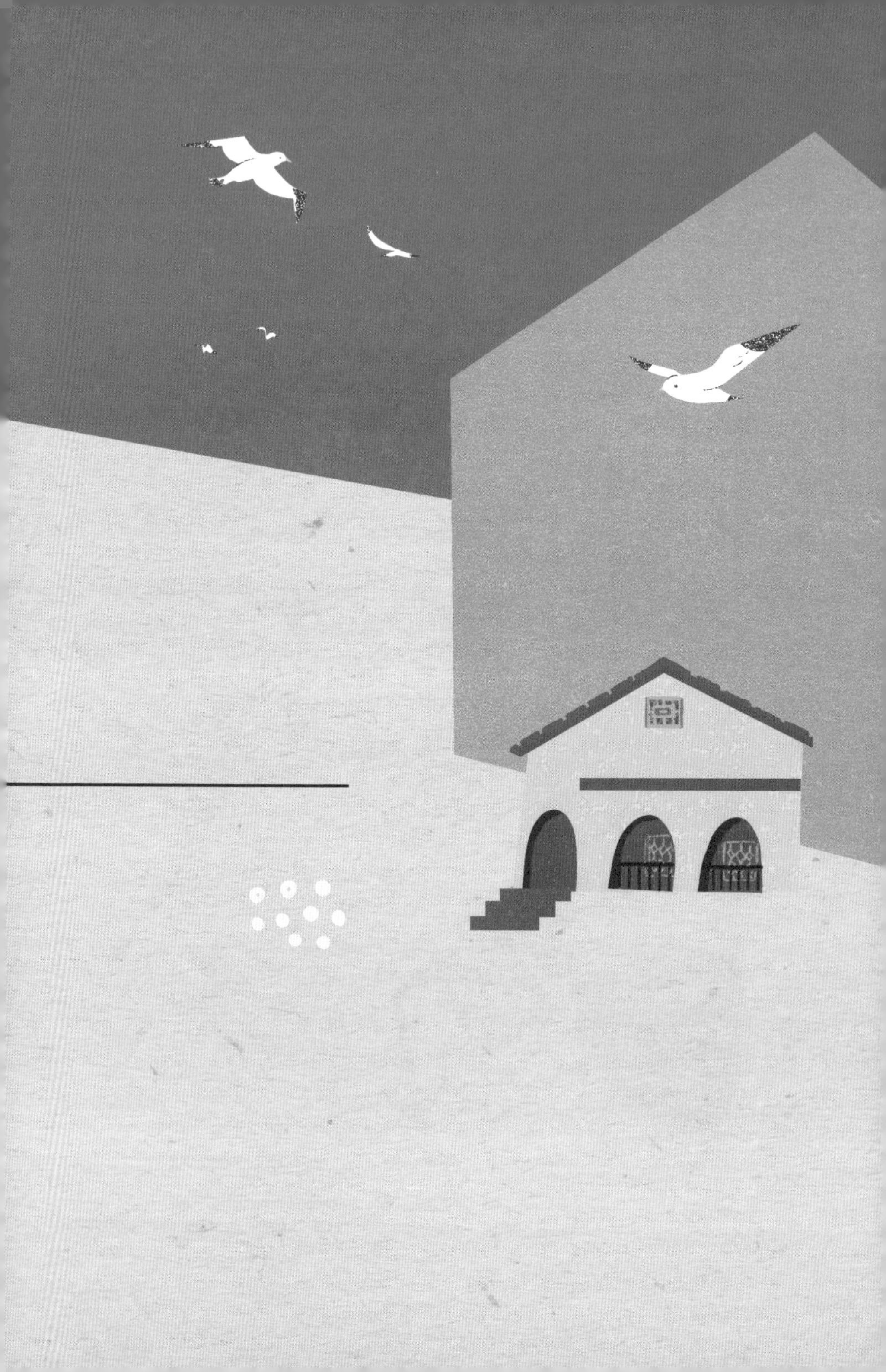

第一部

基隆市

台北市

第1站 基隆

形似雞籠的港都

你去過基隆市嗎？是否知道它是台灣本島最北端的城市呢？

十六世紀中期，中國水手乘船經過台灣北部，看到今天的基隆地區形似養雞的籠子，便將此地稱為「雞籠」。隨著這座都市越來越重要，

清朝官員在十九世紀晚期把地名改成「基隆」，進而成為北台灣的交通樞紐。

接下來，讓我們一起看看基隆在台灣歷史上，扮演什麼樣的重要角色？

水手的路標

在全球定位系統發明之前，世界各地的航海家必須記住島嶼的形狀和位置，作為前往目的地的航路標識。

距今四百多年前，中國東南沿海的水手發現

基隆外海的和平島，外觀類似養雞的籠子，就把當地稱為「雞籠」。後來，路過北台灣的船員們，便以雞籠這個名字稱呼整個基隆地區。

基地昌隆

由於雞籠是中國、日本、菲律賓等地的貿易轉運站，因此吸引漢人、西班牙人、荷蘭人前來建立據點，甚至興建城堡和砲台作為防禦設施。

到了清朝統治時期，清朝政府開放外國商人前來雞籠經商，進一步瞭解當地具有商業和國防

價值。因此，清廷不但在雞籠設置官府，並將地名改為同音的「基隆」，希望當地能夠「基地昌隆」。

台灣北玄關

基隆擁有台灣第四大港口，同時是縱貫鐵路與兩條高速公路的起點，因而獲得「台灣北玄關」的美名。

當地人與事

採礦致富的顏雲年

日本統治時期，台灣有五個家族因為富可敵國，因而並稱為「五大家族」。其中，開創「基隆顏家」的顏雲年（一八七四至一九二三年），主要透過開採金礦與煤礦，成為富甲一方的礦業鉅子。

十九世紀末，顏雲年原本負責協助日本公司，取得挖掘瑞芳金礦的物資與人

力，進一步因緣際會，獲得開採當地黃金的權利。

接著，顏雲年一面改進黃金的精煉技術，一面投入瑞芳、平溪、基隆等地的煤礦開採工作，再以採礦事業的獲利投資商業、運輸、金融等產業，迅速累積龐大的財產，進而奠定基隆顏家日後持續發展的重要基礎。

第2站 貓空
果子狸出沒的坑谷

你知道台北市有個景點叫作「貓空」嗎？是否知道這個地名，其實跟貓咪沒有任何關係呢？

十九世紀以來，貓空便是北台灣重要的產茶區之一。此外，這裡因為地勢較高，堪稱俯瞰台北市的絕佳地點。每逢週末假日，經常可以看到

許多觀光客前往貓空遊玩休憩。

那麼你想像中的貓空，是什麼樣的地方？你想去玩嗎？原因是什麼呢？

果子狸故鄉

說到貓空一名的由來，以往大多認為當地的河床有許多壺穴，而壺穴的台語發音與貓空相近，便陰錯陽差將這裡命名為貓空。

不過，近年來有學者指出日本統治時期的地圖，將貓空寫為「貓空」。

值得注意的是，貓空的日文讀音參考了台語發音，而台語的「貓」是指果子狸，「空」則與「坑」讀音相近。因此，貓空原本是指果子狸出沒的坑谷，跟貓咪和壺穴沒什麼關聯。

喝茶看夜景

距今一百多年前，貓空因為地形和氣候適合種植茶葉，因此變成包種茶及鐵觀音的知名產地。

也由於貓空地處台北盆地的外圍，可以近距離欣賞市區的夜景，加上政府鼓勵當地發展觀光

茶園，進而吸引大批觀光客造訪貓空喝茶看夜景。

纜車路線長

為了推廣觀光產業，台北市政府在貓空和台北市立動物園之間興建纜車系統，至今仍然是台灣最長的纜車路線。

保佑民眾的呂洞賓

貓空纜車中途經過的道教宮廟「指南宮」，主要祭祀呂洞賓這位仙人。事實上，呂洞賓本來是唐朝中期實際存在的歷史人物，後來被民眾與官府尊奉為神明。

根據主流說法，與鐵拐李、何仙姑等神仙合稱為「八仙」的呂洞賓，擁有保佑讀書人、淘金客、理髮師等人的神奇法

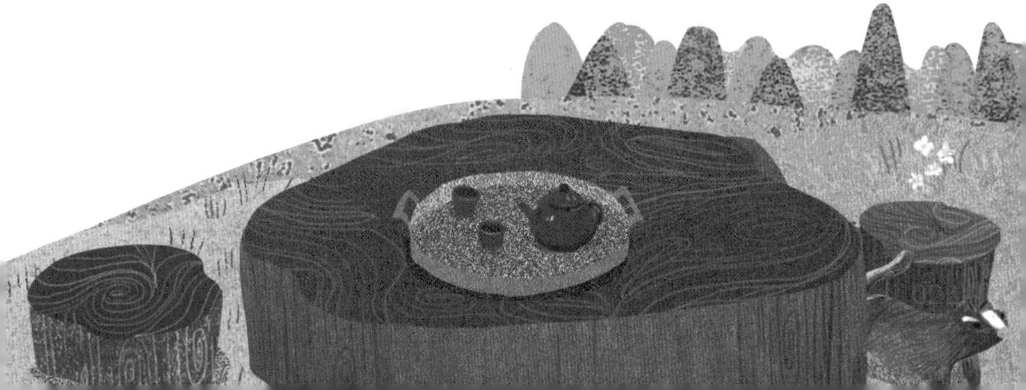

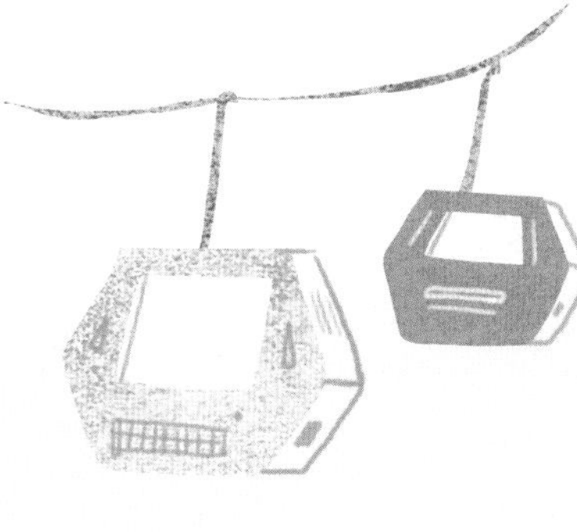

力，因而被許多行業視為守護神。

清朝統治晚期，呂洞賓的信徒將祂的分靈帶到台北，進而在木柵地區興建指南宮加以供奉。如今，想要參拜指南宮的信眾，可以順著一千多級石階慢慢往上走，沿途欣賞各種石材建築與奇花異木，堪稱遠離塵囂的道教聖地。

第3站 大稻埕

淡水河畔的晒穀場

你去過台北市的著名歷史街區「大稻埕」嗎？是否知道這個地點，曾經是台北地區最繁榮的貿易港口呢？

十九世紀中期，清朝政府允許外國商人來到台灣做生意。當時，位於淡水河畔的大稻埕，隨即變成各國收購北台灣貨品的商業重鎮。之後，這裡一度因為碼頭淤積而逐漸沒落，直到三十幾年前，才在政府與民間的通力合作下獲得新生。

現在就讓我們一起來看看大稻埕在台灣歷史上，扮演著什麼樣的重要角色吧。

曬穀空地

將近兩百年前，來自中國福建的漢人移民，乘船沿著淡水河上溯，最後在今天的台北市大同區開墾定居。由於當地擁有曝晒稻穀的大片空

地，因而被漢人稱為「大稻埕」。

後來，住在艋舺的部分居民因為發生衝突（參見第4站〈萬華：停泊獨木舟的港口〉），不得不舉家遷居大稻埕，也讓大稻埕的聚落越來越繁華熱鬧。

茶葉飄香

沒過多久，清朝政府因為對外戰爭失敗，被迫允許外國商人前來台灣買賣貨品。

對於歐美各國來說，台灣北部的樟腦和茶

葉，是富有價值的重要商品。因此，位於淡水河旁的大稻埕，迅速變成貨物的集散地，吸引諸多外商在這裡設立商行，進而讓大稻埕變成全台北最富裕的地區。

歷史街區

然而，大稻埕後來因為碼頭淤積，導致商業活動慢慢沒落。透過政府和民間的共同努力，大稻埕現在仍然保存許多傳統建築，是台北市相當知名的歷史街區。

膠彩畫大師郭雪湖

日本統治時期，一部分的台灣畫家受到日本美術界影響，開始利用膠水調入礦物、植物、金屬等顏料創作「膠彩畫」。值得一提的是，生於大稻埕的郭雪湖（一九〇八至二〇一二年），無疑是台灣最著名的膠彩畫大師之一。

自一九二八年開始，郭雪湖的膠彩畫

便數次榮獲「台灣美術展覽會」的獎項肯定。

其中，郭雪湖以大稻埕作為主題的膠彩畫〈南街殷賑〉，不但描繪當地霞海城隍廟的節慶盛況，還在特意拉高的樓房畫上當時實際存在的許多招牌，可以說是具有濃厚台灣色彩的經典作品。

第4站 萬華
停泊獨木舟的港口

你知道台北市有個行政區叫作「萬華」嗎？是否知道這個地名，源自原住民的交通工具呢？

距今三百多年前，來自中國的漢人移民，陸續乘船前往現在的萬華地區開拓。由於擁有優越的商業條件，萬華一度成為北台灣最繁榮的城鎮，

後來卻因為淡水河逐漸淤積，導致經濟地位被大稻埕取代（參見第3站〈大稻埕：淡水河畔的晒穀場〉）。

你覺得萬華有沒有吸引你的地方？原因是什麼呢？

艋舺變萬華

十八世紀初，住在淡水河沿岸的凱達格蘭族，經常划著獨木舟，前往今天的萬華地區和漢人交換物資。

沒過多久，漢人得知原住民把這些造型奇特

的獨木舟稱為「Bangka」，便將當地取名為台語發音相近的「艋舺」，也就是小船的意思。

進入日本統治時期，日本官員覺得艋舺的寫法過於複雜，就把地名改成日文讀音接近的「萬華」，希望這塊土地可以「萬年繁華」。

一府二鹿三艋舺

大約在兩百年前，台灣北部的經濟活動主要依賴水路運輸。

當時，鄰近新莊這個熱鬧城鎮（參見第11站〈新莊：商人聚集的新興村莊〉）、位居河流匯合處的艋舺，

迅速成為淡水河流域的物產集散地，進而和台南、鹿港並稱為台灣最重要的商港（參見第28站〈鹿港：聚集鹿隻的港口〉），俗稱「一府二鹿三艋舺」。

但是，隨著河道慢慢淤積，大型商船無法停靠艋舺的碼頭，便改到更下游的大稻埕做生意，也讓艋舺的貿易收入一落千丈。

艋舺龍山寺

直到現在，萬華仍然保存許多歷史悠久的古蹟建築。其中，以祭祀觀音菩薩的艋舺龍山寺最廣為人知。

台灣近代雕塑先驅黃土水

近年來，台灣一些美術館，陸續推出雕刻家黃土水（一八九五至一九三〇年）的主題特展，促使諸多民眾對這位生於艋舺、長於大稻埕的頂尖藝術家充滿好奇。

二十世紀初，黃土水是台灣最早前往日本學習的雕刻家，其作品更數次入選「帝國美術展覽會」，成為備受矚目的藝術

新星。

現在，黃土水最廣為人知的代表作，包含台北市中山堂內的大型浮雕《水牛群像》，以及前幾年展出的《少女胸像》和《甘露水》。透過欣賞這些雕塑，我們得以一窺這位勤勉創作的藝術家，對於每件作品的堅持與用心。

第5站 士林

讀書人雲集的聚落

你去過博物館嗎？是否知道台北市士林區的故宮博物院，是全球遊客最愛造訪的博物館之一呢？

大約一百多年前，士林地區因為讀書風氣興盛，培養許多通過科舉考試的優秀學子。到了二十世紀中期，台灣陸續在這邊興建故宮、天文館、科教館等社

會教育機構，促使當地越發具備卓越的文教環境。

接下來，就請各位看看士林在台灣歷史上，扮演什麼樣的重要角色吧。

士子如林

直到十九世紀末，士林一帶叫作「八芝蘭」。根據主流說法，八芝蘭一名來自原住民的凱達格蘭族，將該地稱為「Pattsiran」，也就是「溫泉」的意思。後來，漢人再將地名改成台語發音相近的「八芝蘭」。

不過，近年有研究者指出八芝蘭這個名字，可能是荷蘭人從印尼帶來的地名，意思是漢人的聚落。

進入日本統治時期，日本官員聽聞八芝蘭有許多考中科舉的讀書人，便將地名改為「士林」，稱讚士子有如樹林這麼多。

文化寶庫

一九六五年，政府為了妥善保存從中國帶來台灣的書畫、瓷器、青銅器等珍貴文物，在士林建造宮殿外型的博物館，並且取名為故宮博物院。

根據統計，故宮收藏將近七十萬件藝術珍品，其中以肉形石、毛公鼎、翠玉白菜最廣為人知，每年吸引多達數百萬名遊客造訪參觀。

夜市美食

鄰近諸多學校的士林夜市，是台北最熱鬧的夜市之一。每到晚上時分，經常有大批民眾到這邊品嚐蚵仔煎、雪花冰、藥燉排骨等美味小吃。

台灣研究推手楊雲萍

國立台灣大學的圖書館，收藏了許多教授的手稿、書籍、期刊等珍貴資料。其中，曾在該校歷史系任教長達三十年的楊雲萍教授（一九〇六至二〇〇〇年），堪稱讓「台灣」變成研究主題、進而成為顯學的重要推手之一。

早在日本統治時期，楊雲萍不但跟朋

友創辦台灣第一本白話文雜誌，更積極投入台灣的古典文學和民俗文化等研究。

第二次世界大戰結束後，楊雲萍因為機緣成為台大歷史系的教授，持續提倡台灣歷史及民俗研究的重要性，同時培育一批日後從事台灣研究的著名學者，對於台灣的文學、歷史學、民俗學等學問，具有相當深遠的影響。

第6站 北投

水氣瀰漫的溫泉勝地

你泡過溫泉嗎？是否知道台北市的北投區，是全國知名的溫泉勝地呢？

現在的北投地區，曾經是原住民凱達格蘭族的活動空間。由於這裡位於大屯火山群，導致部分田地不適合耕種，卻也帶來珍貴的溫泉資源，

進而發展成風景優美的遊憩景點。

你印象中的北投，有沒有什麼吸引你的地方？原因是什麼呢？

地名之謎

關於「北投」一名的由來，主流說法認為凱達格蘭族看到此地煙霧瀰漫，覺得這裡可能是女巫的住處，便將當地稱為「Patauw」，也就是「女巫」的意思。

之後，抵達當地的漢人，得知「Patauw」這

個名稱，便以台語發音相近的「北投」作為地名。

然而，近年有研究者指出「北投」一詞，可能來自荷蘭人與西班牙人，將本地標示為「Kipatauw」的緣故。

溫泉勝地

自古以來，北投便是台灣著名的硫磺產地之一。距今四百多年前，漢人得知硫磺可以製造火藥，吸引不少商人前往北投採買。不過，當時尚未注意到溫泉的功效。

到了日本統治時期，日本人發現北投的溫泉具有治療疾病、調養身體等效果，開始在這裡興建醫院和溫泉旅館。

隨著造訪北投的遊客日益增加，日本政府不但陸續興建公園、公共浴場等設施，還為此鋪設鐵路，進一步讓北投變成遠近馳名的溫泉勝地。

北投石

二十世紀初，日本學者曾在北投的溪流，找到含有放射性元素的礦物，並將它命名為「北投石」，是目前唯一以台灣地名取名的礦物喔！

當地人與事

來台煉製硫磺的郁永河

眾所皆知，硫磺是製造火藥的重要原料，而台北市的北投區則是著名的硫磺產地。

三百多年前，位於中國福建的火藥庫發生爆炸，造成庫存的火藥全數付之一炬。為了協助主管官員賠償火藥庫的損失，喜愛旅行的文士郁永河（生卒年不

詳）決定自告奮勇，乘船前往當時隸屬福建管轄的台灣取得硫磺。

郁永河等人先在台南購買物資，接著走陸路抵達台北。最後，他不但在原住民的幫助下順利煉製硫磺，還探訪了北投的硫磺產地，並把這段來台取得硫磺的經歷寫成《裨海紀遊》一書，成為後人認識清初台灣風土民情的重要文獻。

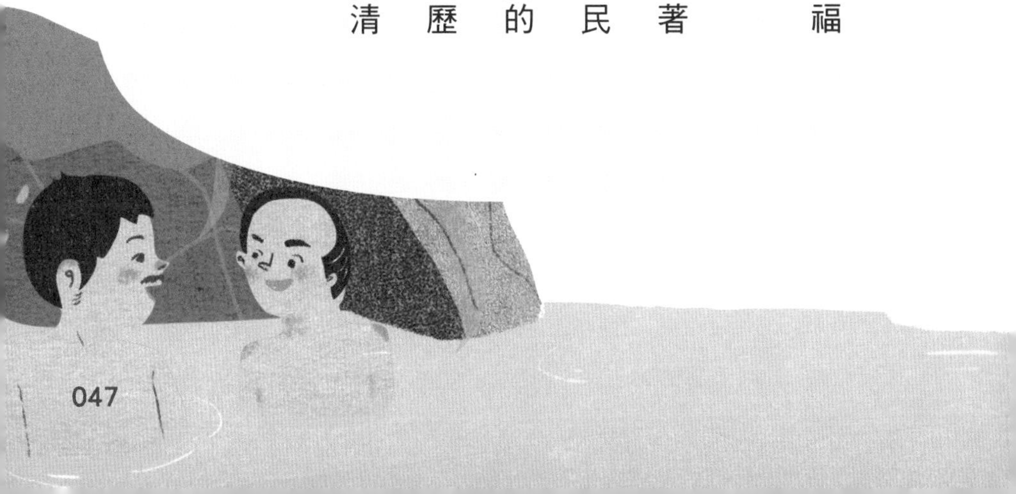

第二部

新北市

第7站 猴硐

猴子洞穴變貓村

你喜歡貓咪嗎？是否知道新北市境內，有一個叫作「猴硐」的貓咪村落呢？

二十世紀初，猴硐因為盛產煤炭，促使大型採礦公司進駐開發。直到三十年前，這裡曾經是台灣最重要的煤礦產地，後來因為產業轉型，慢

慢慢變成著名的賞貓景點。

你想不想去猴硐玩呢？原因是什麼？

猴洞變猴硐

距今兩百多年前，來到猴硐地區開墾的漢人移民，聽說當地的山崖有個猿猴棲息的山洞，因此將這裡取名為「猴洞」。

到了日本統治時期，猴洞變成重要的煤礦產地。相傳當時的人們認為礦坑忌諱水，因此把地名從水字旁的「洞」，改成

石字旁的「硐」。

黑金的故鄉

以前，無論是交通工具、照明器具乃至燒飯煮菜，都要依賴俗稱「黑金」的煤炭作為燃料。

日治時期，猴硐因為蘊藏豐富的煤炭，因此吸引大型採礦公司前來設廠，使得當地一度成為熱鬧的黑金聚落。

隨著電力逐漸取代煤炭，採礦公司在一九九〇年關閉猴硐的礦坑。到了十幾年前，政府決定

在猴硐設置煤礦博物館，努力保存過去人們的採礦記憶。

貓咪村落

早年，猴硐的礦工曾經嘗試養貓咪抓老鼠，加上貓咪的繁殖力和適應性較強，使得當地變成貓咪聚集的可愛村落，更曾被國際媒體選為全球知名賞貓景點之一。

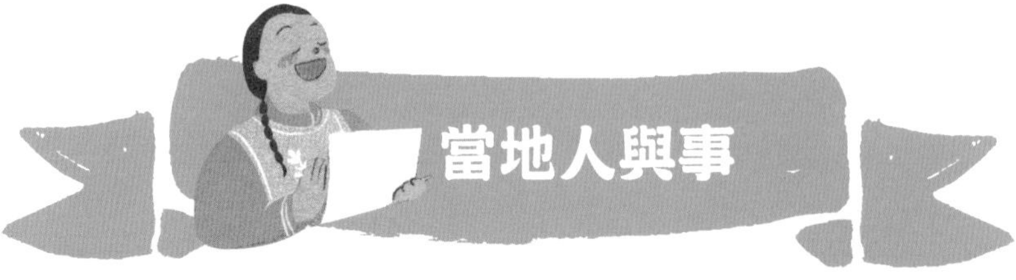

擅長說故事的吳念真

提到擅長說故事的名人，身兼作家、編劇、導演、演員等多重身分的吳念真（一九五二年至今），絕對是榜上有名。

吳念真之所以能把故事講得活靈活現，跟他的成長經驗密不可分。身為在瑞芳礦區長大的孩子，當時的村人大多不認識字，使得有去學校上課的吳念真，從小

就幫鄰居寫信、讀報紙、說廣播劇，進而練成善於寫作和說故事的看家本領。

無論是創作小說、撰寫劇本還是執導影劇，吳念真的作品經常流露對於社會底層的誠摯關懷，具有吸引觀眾目光的獨特魅力。

第8站 野柳
地形奇特的魔鬼岬

你去過新北市的野柳風景區嗎？是否知道這個地點，其實跟柳樹沒有任何關係呢？

在遠古時代，野柳地區曾經位於海平面以下，並且隨著海中沉積物的堆積黏結，慢慢構成岩層。之後，該地因為板塊推擠浮出海面，同時

在海浪侵蝕、風吹雨打的影響下，塑造出千變萬化的地質景觀。

你最喜歡野柳哪一種地貌？原因是什麼呢？

奇特地景

大約在兩千萬年以前，野柳原本是被大量海水淹沒的水下世界。當時，海裡的岩石碎屑和生物遺骸透過沉積作用，逐漸生成厚層砂岩，進而因為板塊運動離開水中，變成陸地的岬角地形。

由於各層砂岩的硬度不大相同，有些岩石在

海浪、季風、雨水的沖刷吹拂下，特別容易遭到侵蝕，進一步形成看似豆腐、燭台、鞋子、女王等造型的奇特地景。

魔鬼岬角

十七世紀初，來自歐洲的西班牙人，在台灣北部建立好幾個貿易據點。當他們乘船往返基隆和淡水時，經常在野柳岬附近觸礁擱淺，並且會被當地的原住民打劫財物。

因此，西班牙人將此地取名為「魔鬼岬」，連

帶影響荷蘭人和漢人的命名方式。

對於漢人來說，西班牙文「魔鬼」一詞的讀音，近似「野柳」的台語發音，後來便改用「野柳」這個名字稱呼當地。

地質公園

距今七十多年前，野柳曾是民眾無法靠近的軍事禁地，後來才轉變為對外開放的地質公園。

台灣公共藝術先行者楊英風

以海洋動物聞名的旅遊景點「野柳海洋世界」，有一條長達一百公尺的海底隧道，是由知名藝術家楊英風（一九二六至一九九七年）等人負責設計。

從一九六〇年代開始，楊英風陸續為政府和民間設計大型的戶外雕塑作品，被視為台灣最早投入公共藝術創作的先行者

之一。

說到楊英風的創作風格，最著名的特點在於他喜歡利用不鏽鋼，創作造型抽象的雕塑作品。如此一來，經過加工處理的不鏽鋼表面，可以反射作品的周邊環境，並會隨著光線和景物的不同產生變化。

這種強調雕塑與景觀互動的呈現方式，被稱為「景觀雕塑」，是楊英風相當重視的創作理念。

第9站 金瓜石
礦山外形像南瓜

你知道新北市有個景點叫作「金瓜石」嗎？是否知道這個地方，曾經是台灣最重要的黃金產地之一呢？

距今一百多年前，淘金客於瑞芳地區的金瓜石聚落，先後發現金礦和銅礦。之後，金瓜石一度以盛產金、銅聞名於世，卻因為礦產逐漸枯竭，在十多年前轉型為知名觀光勝地。

你知道金瓜石的特色與特產是什麼嗎？請繼續看下去！

黃金山城

十九世紀晚期，一批工人在基隆地區修築鐵路，意外在河中發現砂金。接著，淘金客沿著河川逐步上溯，終於在瑞芳山區找到黃金礦脈。

當時，採金者看到當地礦山的外型近似南瓜，而

南瓜又有「金瓜」之稱，因而將該地取名為「金瓜石」。

之後，越來越多淘金客慕名而來，使得位居山中的金瓜石，頓時變成熱鬧的黃金山城。

※開採礦石

到了日本統治時期，金瓜石礦山的開採權利，由資產雄厚的日本企業家所擁有。另一方面，在地居民大多被採礦公司僱用，負責挖掘含有金或銅的礦石。

為了挖取礦山中的礦藏，工人必須先以炸藥爆破山壁，使用機具開鑿坑道，最後將敲落的礦石運出坑外進行煉製。

由於礦工長期在充滿噪音和塵土的環境當中工作，加上礦坑非常悶熱潮濕，使得他們容易出現聽力或肺部受傷等職業病。

黃金博物館

隨著金瓜石後來停止採礦，政府決定以礦業公司留下的舊建築和礦坑設立博物館，努力向遊客介紹當地的生態環境與歷史故事。

當地人與事

縱橫礦業與政界的李建和

金瓜石所在的瑞芳區，在日本統治時期曾以盛產黃金與煤炭著稱。當時，瑞芳有個李氏家族，因為開採煤礦累積龐大的財富，因而和同樣經營礦業的「基隆顏家」齊名。（參見第1站當地人與事〈採礦致富的顏雲年〉）

與基隆顏家相似，瑞芳李家也是兄弟

檔合力擴展採礦事業的版圖。其中，弟弟李建和（一九一一至一九七一年）除了持續提升煤礦產量，同時參與運輸、保險等其他產業，並且涉足政治界，長年擔任台灣的省議員。

在省議員任內，李建和致力推動交通建設、礦業經營、礦區安全等議題，對於台灣的煤礦產業發展，具有相當重要的貢獻。

第10站 三重

第三塊新生平地

你知道新北市有個行政區叫作「三重」嗎？是否知道這個地方，是支撐台北都會區成長茁壯的工業聚落之一呢？

清朝統治時期，發源於大霸尖山的淡水河，長年將大量泥沙運往下游，進而在今天的三重地區形成廣大的沙洲。伴隨著對岸的台北市越來越繁華發達，同時帶動三重迅速發展，成為

提供市區勞力和商品的熱鬧城鎮。

接下來，一起來看看三重在台灣歷史上，扮演什麼樣的重要角色。

河川新生地

根據專家研究，現在的三重地區是兩百多年以前出現的河川新生地。當時，淡水河上游將沿途沖刷的砂礫和泥土帶往中下游，慢慢堆積變成寬廣的陸地。

之後，漢人看到淡水河中游左岸形成

平坦的沙洲地形，便將當地取名為「三重埔」，意思是「第三塊新生平地」。

到了一九四〇年代，台灣規劃行政區域時，將三重埔簡稱為「三重」，以此作為當地的正式名稱。

工業重鎮

十八世紀以來，越來越多漢人前往三重開墾定居，並且透過渡船往返淡水河兩岸。

隨著淡水河右側的台北市逐漸繁榮昌盛，三重先是成為供應市區蔬菜和水果的產地，接著因為政府積極在台北市的周邊

城鎮發展工業，促使三重蛻變為台北都會區的工業重鎮。

※九橋之都

一百多年前，歷代統治者為了改善淡水河兩岸的往來交通，陸續在三重境內興建跨越河道的九座堅固橋梁，也讓三重獲得「九橋之都」的別稱。

永遠的影后林青霞

對於台灣的老電影迷來說，與另外三位知名影星並稱「二秦二林」的林青霞（一九五四年至今），無疑是最適合主演愛情文藝片的影壇巨星。

在三重出生的林青霞，因為具有出眾的外型和氣質，得以在逛台北西門町時獲得星探發掘，進而完美詮釋愛情電影的女主角形

象，迅速吸引廣大粉絲的支持與關注。

一九八〇年代開始，林青霞主演的電影類型更加豐富多元，並以《滾滾紅塵》這部作品首次得到台灣電影最高榮譽「金馬獎」的「最佳女主角」獎項肯定。

直到現在，林青霞一共拍過一百多部電影，堪稱台灣電影界的傳奇人物，也在二〇二三年榮獲金馬獎的「終身成就獎」。

第11站 新莊
商人聚集的新興村莊

你去過新北市的「新莊區」嗎？是否知道這個地方，曾經是大台北地區最繁榮的商業聚落喔！

十八世紀初期，新莊地區由於河運便利，加上盛產稻米，吸引許多商人前來做生意。之後，

這裡一度因為河道淤積導致貿易蕭條，直到日本統治晚期轉型為工業重鎮，順利獲得新生。

你印象中的新莊是什麼樣的地方呢？

※ 漢人前來定居

距今三百多年以前，來自中國的漢人乘船上溯淡水河，進而發現新莊地區不但可以停泊船隻，還能引水灌溉肥沃的土地，促使大量移民到此開墾定居。

隨著當地慢慢變成熱鬧的村落，漢人便將這

塊土地取名為「新莊」，意思是「新興的村莊」。由於新莊位於交通方便之地，加上稻米產量豐富，很快就變成商人雲集的貨物集散地。

成為工業重鎮

從十八世紀末開始，移居新莊的漢人數次發生嚴重衝突，使得繁華的新莊市街遭到洗劫破壞。

沒過多久，新莊又因為淡水河漸漸淤積，造成大型商船無法靠岸。眼見如此，商人只好改去更下游的城鎮買賣貨物，也讓新莊的經濟發展陷

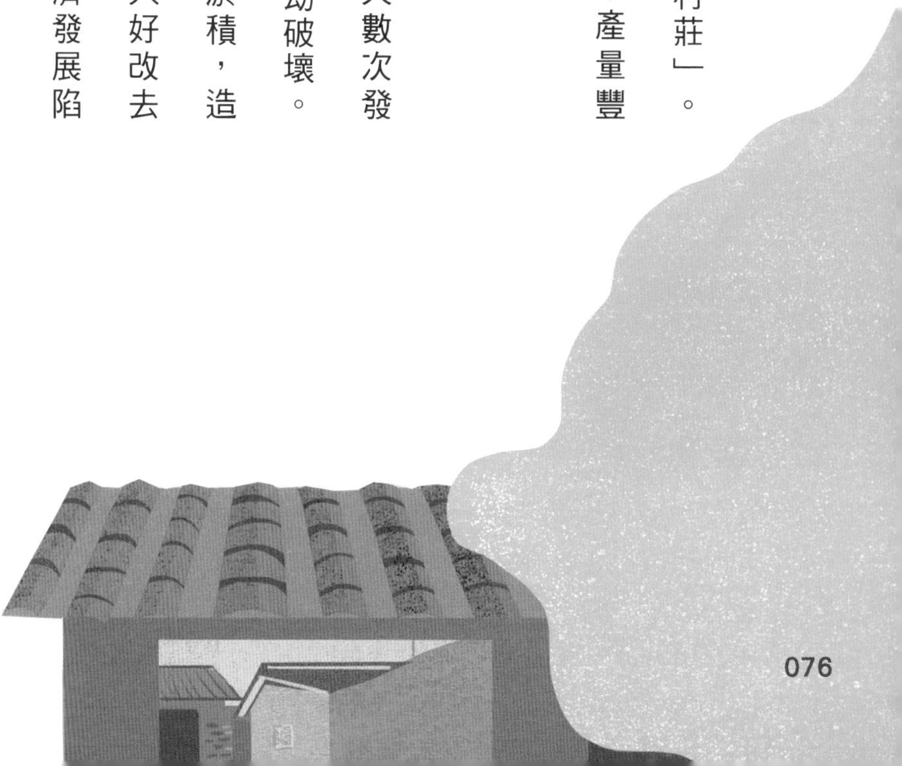

入困境。

到了二次大戰晚期，日本政府將台北市的工廠疏散到鄰近的鄉鎮，幫助新莊的製造業快速起飛，進而蛻變為台北都會區的工業重鎮。

老街保存歷史

新莊的舊街道擁有許多清朝時期修建的古老廟宇，以及從前為了防範外敵攻擊而興建的隘門遺跡，堪稱保存歷史記憶的時光隧道。

製鼓專家王阿塗

無論是布袋戲、歌仔戲等戲曲表演，還是人聲鼎沸的廟會活動，「鼓」都是不可或缺的重要樂器。

日本統治時期，新莊因為擁有許多布袋戲班和古老廟宇，促使喜歡戲曲又擅長手工的王阿塗（一九〇七至一九七三年，又名王桂枝），投身學習皮鼓的製作，繼

而成立「响仁和吹鼓廠」。

　　王阿塗對於製鼓的材料與技法，都有自己的用心和堅持。而他製成的皮鼓音質穩定，又不容易變形，吸引國內外許多著名宮廟和表演藝術團體，指名使用「阿塗師」及其傳人生產的鼓，也讓响仁和成為享譽國際的「台灣之光」。

第12站 淡水

船員補充飲水的地方

你吃過鐵蛋或是阿給嗎？是否知道這些知名小吃，源自新北市的「淡水」這個地方呢？

自古以來，淡水曾經是台灣北部最重要的港口，卻因為淡水河的泥沙日漸淤積，造成淡水的貿易機能被基隆取代（參見第1站〈基隆：形似雞籠的

港都〉〉，如今蛻變為遠近馳名的觀光景點。

你知道淡水在台灣歷史上，扮演著什麼樣的重要角色嗎？

滬尾變淡水

今天的淡水地區，以前原本叫作「滬尾」。說到滬尾一名的由來，官方認為當地的原住民凱達格蘭族首先將這裡稱為「Hobe」，而來自中國的漢人移民，再把地名改為台語發音相近的滬尾。

到了十六世紀中期，許多水手經過滬尾的時候，發現當地可以補充淡水作為飲用水，因此將其取名為「淡水」。後來，

淡水正式變成行政區的名稱，從此沿用到今天。

◎貨物集散地

由於淡水坐落於淡水河的河口，自古就是人群進出台北盆地的必經之地，一度吸引西班牙人與荷蘭人到這邊建立貿易據點。

清朝統治時期，淡水逐漸成為上游聚落的貨物集散地。進入十九世紀中期，清朝政府被迫開放外國商人來台灣做生意，使得淡水更加熱鬧繁榮。

不過，淡水河長年的泥沙淤積，導致河運功能慢慢衰微；加上日本政府統治台灣以後，更加重視基隆港的建設，促使淡水轉型成以古蹟、老街、河景聞名的旅遊勝地。

小吃受歡迎

無論是反覆滷製滷蛋做成的鐵蛋，還是將冬粉放入油豆腐蒸熟的阿給，都是淡水餐飲業者的創意發明，也是觀光客不會錯過的在地美食。

宣揚基督教的傳教士馬偕

今天，淡水地區有許多著名的西式古蹟，都與來自加拿大的基督教傳教士馬偕（一八四四至一九〇一年）密切相關。

一八七〇年代，馬偕為了向台灣人宣揚基督教，決定在淡水建立傳教據點。當時，馬偕看到台灣人經常為蛀牙和瘧疾所苦，便透過為人拔牙、看病等方式，順便

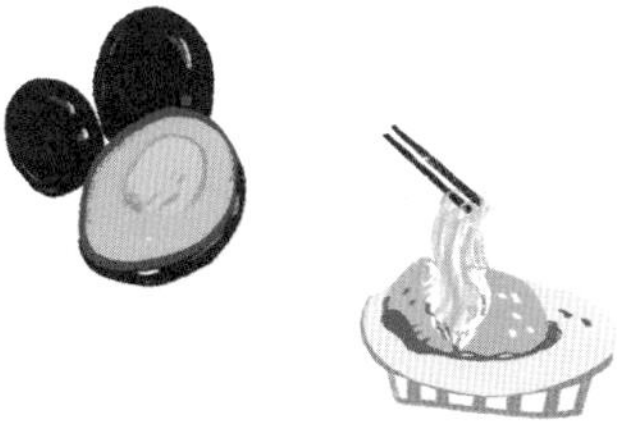

向病人介紹基督教的教義，成功吸引部分民眾信奉基督。

除了逐步開展傳教事業，馬偕還在淡水興建學校，教導台灣人有關神學、地理、化學等知識，並且開辦醫院讓人民有機會接受免費醫療，對於淡水的發展具有相當重要的貢獻。

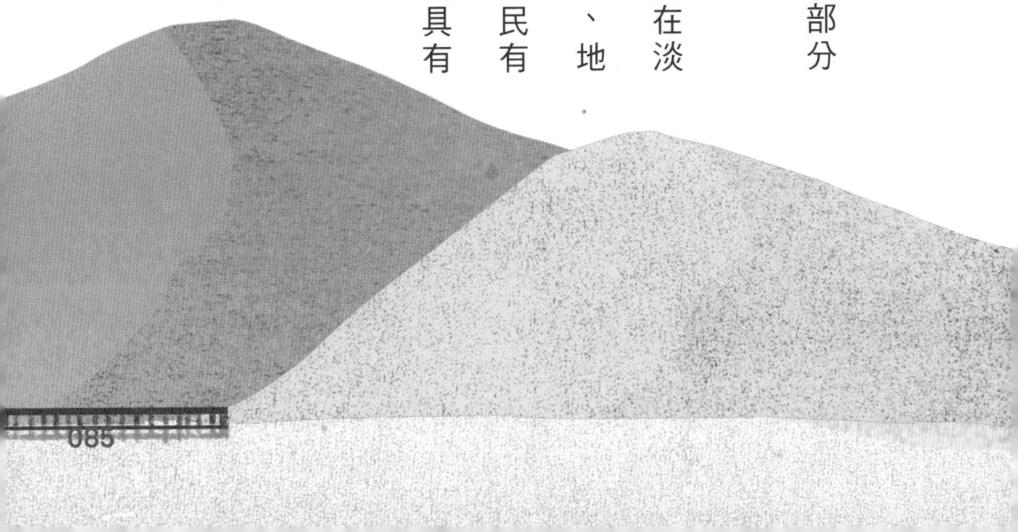

第13站 三峽

三條溪匯合的城鎮

你聽過「藍染」這項工藝嗎？是否知道新北市的三峽區，曾經是以藍染產業聞名的繁榮山城呢？

現在的三峽地區，本來是原住民泰雅族和凱達格蘭族的活動空間。由於該地位於平地及山區

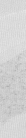

的交界，漢人移民不但努力開發山藍、茶葉、樟腦等山產，還利用淡水河的水運，跟周邊聚落做生意，從而變成熱鬧的物產集散地。

你知道三峽是什麼樣的地方嗎？是不是有吸引你的地方呢？原因是什麼？

三條溪匯合

十八世紀中期，漢人移民陸續來到三峽一帶開墾定居。當時，他們發現這裡有塊三角形的平地，並且有三條溪流在此匯合，便將當地命名為

「三角湧」，以此形容水流波濤洶湧的景象。

進入日本統治時期，日本官員為了簡化地名，以「三角湧」的台語發音為基礎，將地名改成日語讀音相近的「三峽」，從此沿用至今。

產藍染原料

因為三峽的土地大多坐落山區，水稻產量有限，促使漢人積極開發各式各樣的山林特產。

起初，他們除了上山砍伐樹木，還在山坡地種植山藍這種植物。山藍可以製成藍色的染料，

加上三峽的溪水特別適合染布，導致當地的藍染產業迅速興起。

之後，外國商人開始到台灣購買樟腦、茶葉等商品，也讓盛產這些物產的三峽，得以蛻變成繁華的山城聚落。

三峽祖師廟

自創建以來，祭拜清水祖師的三峽祖師廟，就是當地最重要的信仰中心。這座廟宇擁有精美的建築與雕刻，因而獲得「東方藝術殿堂」美名。

當地人與事

走出畫室的藝術家李梅樹

二十世紀中期，三峽祖師廟曾經進行長達數十年的重建工程。當時，領導這項艱鉅任務的負責人，是生於當地的著名藝術家兼政治家李梅樹（一九〇二至一九八三年）。

日本統治時期，專攻繪畫的李梅樹，先後在台灣和日本的重要美術展覽會獲得

肯定，從而變成三峽家喻戶曉的風雲人物。與此同時，李梅樹決定走出畫室，積極參與地方事務，並得以成為在地的民意代表。

第二次世界大戰結束後，李梅樹不但多次擔任台灣縣議員，更一肩扛下三峽祖師廟的重建工作。在李梅樹的用心規劃下，祖師廟得以蛻變為精美絕倫的寺廟建築，具有非常高的藝術價值。

第三部

桃園市

新竹縣

苗栗縣

第14站 大溪
物產豐富的河港聚落

你知道桃園市有個老城區叫作「大溪」嗎？是否知道這個地點，曾經是桃園最熱鬧的河港聚落呢？

在十九世紀，大溪因為境內的大漢溪可以直通台北盆地，加上盛產茶葉、樟腦、木材等物產，吸引移民和商人到此開墾定居。隨著大漢溪逐漸淤積，大溪的經濟地位迅速下降，近年轉型成以老街和豆干聞名的觀光勝地。

那麼，一起來看看大溪在台灣歷史上，扮演著什麼樣的重要角色吧。

地名多變

在「大溪」這個名字出現以前，原住民看到這裡有條水勢磅礡的溪流，就以原住民語的「大水」替本地取名。

之後，漢人移民先是把地名改成台語發音相近的「大姑陷」，之後又改為

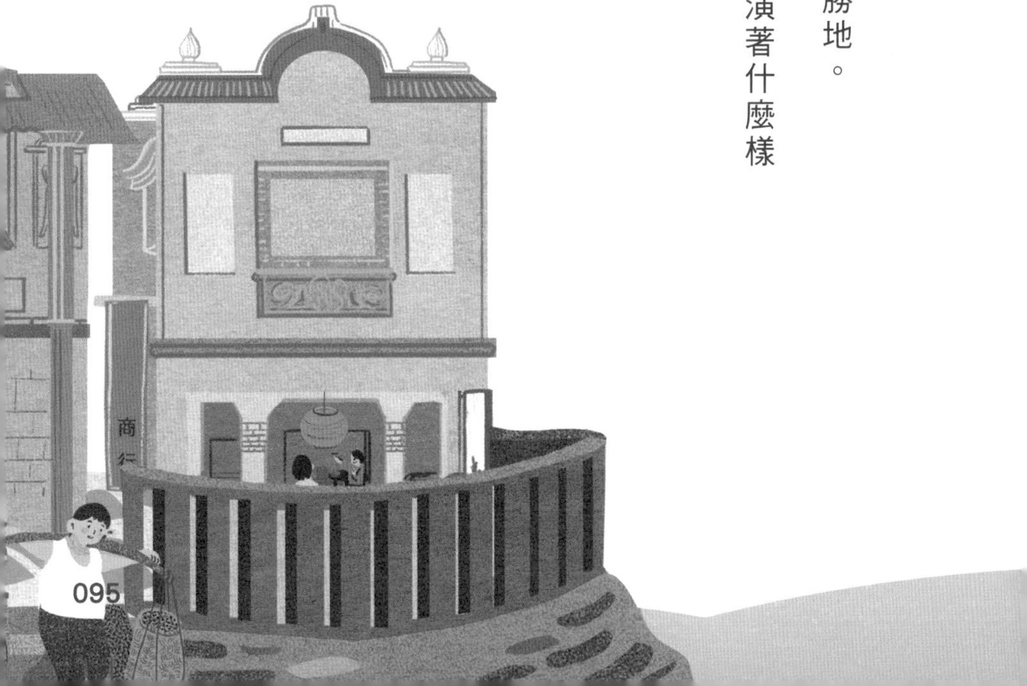

可以描述該地河階地貌的「大嵙崁」一名。

到了日本統治時期，日本官員認為大嵙崁的筆畫過於複雜，就把地名簡化為「大溪」，從此沿用到今天。

◎洋樓林立

距今一百六十年前，清朝政府在「英法戰爭」打了敗仗，不得不同意外國商人前來台灣做生意。

對於歐美各國來說，大溪出產的茶葉和樟腦，是非常值錢的重要商品。於是，外國人紛紛來到大溪設立商行，也讓本地的生意人變得更加富有，進而建造華麗優雅的西洋式房屋。

透過政府與民間的共同努力，大溪現在仍然保存不少漂亮的老房子，成為在地觀光的一大特色。

美味豆干

除了保有許多西式老屋，景色宜人的大溪也是木器與豆干的知名產地，堪稱民眾假日出遊的熱門景點。

當地人與事

憑藉樟腦業崛起的簡阿牛

十九世紀末，能製造塑膠、火藥、驅蟲藥等產品的樟腦，是台灣相當重要的出口商品。

當時，生於大溪的簡阿牛（一八八二至一九二三年），因為協助日本企業家參與樟腦產業，進而獲得經營製腦事業的權利，從而迅速累積財富。

沒過多久，簡阿牛看到樟腦產量逐漸減少，轉而投入煤礦和金礦的開採，同時投資金融、電氣、運輸等諸多產業。

此外，簡阿牛不但積極參加大溪的文化及宗教活動，還是活躍於政治界的台灣仕紳之一，具有不容忽視的巨大影響力。

第15站 龍潭
黃龍出沒的陂塘

你知道桃園市有個行政區叫作「龍潭」嗎？是否知道龍潭生產的花生軟糖，是廣受大家好評的知名伴手禮呢？

自古以來，龍潭地區因為河川距離短，加上水量稀少，不利於灌溉農作物，導致這裡必須修築陂塘儲存水源。這樣的地理環境，不但孕育了龍潭這個地名，更深刻影響當地的農業發展。

你知道龍潭的歷史沿革嗎？想不想去這裡看看呢？

灌溉陂塘

十八世紀中期，原住民凱達格蘭族的頭目帶領眾人開墾龍潭，並且在這裡興建陂塘。起初，這座池塘因為水面長滿菱角，因此被稱為「菱潭陂」。

據說，當地的農民如果長期面臨乾旱，只要在菱潭陂旁邊誠心祈求，就會天降甘霖。於是，大家便將靈驗的菱潭陂改稱為「靈潭陂」。

後來，居民傳聞在雷雨交加的時候，曾經在靈潭陂看到黃龍出沒，便把這座陂塘改名為「龍潭陂」，進而變成本地的名稱。到了日本統治時期，官員再將龍潭陂簡稱為「龍潭」，從此沿用至今。

茶葉故鄉

龍潭地區由於水源不足，加上土壤酸性較強，適合栽種茶樹，促使該地蛻變為台灣重要的茶葉產區。

一九七〇年代，台灣的茶葉遭遇外國的強力競爭。之後，龍潭茶農一面改種價格較高的椪風茶、桃映紅茶等茶種，一面將茶園轉型為

觀光景點，並努力提升茶葉產業的經濟價值。

三大特產

龍潭雖然不是花生的主要產地，卻開發出好吃又不黏牙的花生軟糖，與茶葉、石門活魚並列為聞名全台的當地特產。

台灣歌謠之父鄧雨賢

對喜歡台語歌的聽眾來說，知名作曲家鄧雨賢（一九〇六至一九四四年）創作的〈四季紅〉、〈月夜愁〉、〈望春風〉、〈雨夜花〉等歌曲，堪稱永垂不朽的經典作品。

值得一提的是，以譜寫台語歌曲聞名的鄧雨賢，其實是生於龍潭的客家人，後

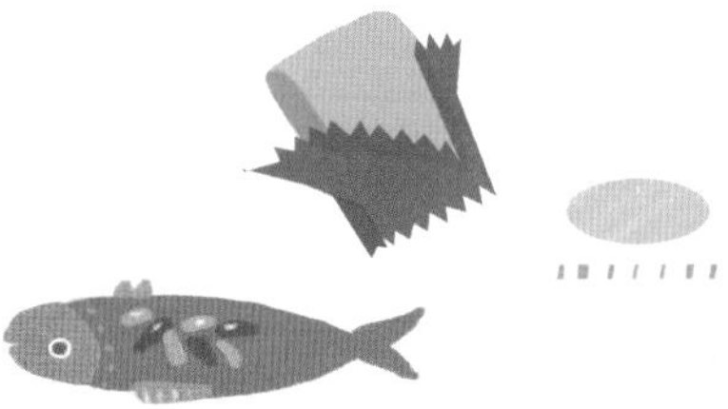

來因為隨著家人遷居艋舺（參見第4站〈萬華：停泊獨木舟的港口〉），因此開始學習、使用台語。

一九三〇年代，熱愛音樂創作的鄧雨賢，陸續完成許多膾炙人口的台語名曲。即便不到四十歲便因病早逝，鄧雨賢製作的樂曲，直到現在仍然可以感動人心，也讓他獲得「台灣歌謠之父」美名。

第16站 中壢

北部大城的中繼站

你喜歡吃牛肉麵嗎？是否知道桃園市的中壢區，擁有許多美味可口的牛肉麵店呢？

距今三百多年前，現在的中壢地區，本來是原住民泰雅族及凱達格蘭族的勢力範圍。從日本統治時期開始，歷代政府先後在中壢興建鐵路、工業區、高速公路等基礎建設，讓這裡逐

步變成桃園最重要的交通兼經濟中心。

你知道中壢在台灣歷史上，扮演著什麼樣的重要角色嗎？

大城中繼站

十八世紀初，北台灣的台北與新竹逐漸變成繁榮的城鎮，使得人員和商品的往來更加頻繁。

受此影響，位於兩地之間的中壢，經常成為旅客停留休息的地點，進而吸引以客家人為主的移民到此開墾。

起初，客家人看到當地屬於稱為「壢」的澗谷地形，又有原住民聚落「澗仔力社」，便把這裡叫作「澗仔壢」。之後，居民基於本地坐落台北與新竹中間（參見第17站〈新竹：竹林茂密的古城〉），又將地名改為「中壢」，從此沿用至今。

工商業重鎮

由於中壢鄰近台北，加上農產豐富、交通便利，從清朝統治時期以來，就是周邊城鎮買賣貨物的商業重鎮。

到了二十世紀中期，政府為了發展中壢的產業，不但在此設置工業區，還讓興建中的中山高速公路通過此地，促使越來

越多公司到中壢投資設廠。

中壢三寶

除了擁有發達的工商業，中壢生產的鐮刀、牛肉麵、花生酥糖也有相當高的知名度，因而被稱為「中壢三寶」。

替慰安婦發聲的劉黃阿桃

第二次世界大戰期間，日本軍方為了滿足戰地將士的性需求，透過強迫或誘騙等方式，在日本、韓國、台灣、中國等地徵召成千上萬名女性充當「慰安婦」，從而在這些受害者身上，留下難以抹滅的身心創傷。

一九四三年，生於中壢的劉黃阿桃（一九二三至二〇一一年，又稱大桃阿嬤），看

到高薪招募女性前往南洋擔任護士的廣告，便跟其他女生應募前往。

然而，劉黃阿桃不但在前線遭到美軍攻擊而身受重傷，更與其他女性遭受日本官兵的不人道欺辱。

戰爭結束後，劉黃阿桃一度因為這段痛苦的過去而感到自責羞愧。後來，大桃阿嬤決定為了自己、也為了其他擁有類似遭遇的慰安婦挺身而出，呼籲日本政府應該給予賠償和道歉，也讓這些阿嬤們的故事獲得世人的重視與同情。

第17站 新竹

竹林茂密的古城

你吃過米粉嗎？是否知道這是「風城」新竹市的著名小吃呢？

十七世紀中期，漢人移民逐漸來到新竹地區開拓居住。之後，當地先是基於軍事目的修築城池，接著在一九七九年設立台灣第一座科學園區，進而變成國際知名的科技重鎮。

你知道新竹在台灣歷史上，扮演著什麼樣的重要角色嗎？

竹塹古城

距今三百八十年前，現在的新竹主要是原住民的活動空間，還有來自中國大陸的少數漢人在此定居。

當時，漢人看到當地的竹林宛如天然的圍牆，因而將這裡命名為「竹塹」，意思是竹林茂密的險要地點。後來，清朝政府發現用竹子代替城

牆不夠堅固，於是改用磚石建造竹塹城，並且將該地改名為「新竹」。

起初，竹塹城有東、西、南、北四座城門，日後卻因為發生火災、推動都市計畫等緣故先後損毀，最後只剩下東門保存下來。

科學園區

日本統治時期，新竹因為擁有眾多工廠，以及蘊含豐富的天然瓦斯，蛻變為台灣重要的工業城市。

從一九五〇年代開始，台灣基於新竹具有良好的工業基礎，陸續在當地成立許多科學研究機構。

後來，政府為了發展高科技產業，決定在新竹設置科學工業園區，至今仍然是台灣最先進的工業區之一。

風城名產

新竹的冬季風勢特別強勁，加上雨量稀少，導致當地製作的米粉既漂亮又具有彈性，因而變成新竹的著名特產。

當地人與事

開台進士鄭用錫

位於新竹市的竹塹城迎曦門、鄭氏家廟、進士第等建築，不但是當地的知名古蹟，而且都和鄭用錫（一七八八至一八五八年）這位歷史人物密切相關。

清朝統治時期，許多學子的人生目標是通過科舉考試，獲得做官的資格。

一八二三年，在竹塹長大的鄭用錫，成為

最早以台灣籍身分取得科舉功名的讀書人之一，因此被尊稱為「開台進士」。

鄭用錫雖然當官時間不長，他在離開官場後，積極參與家鄉的公共事務。除了招募民兵協助維持治安，鄭用錫還努力化解漢人移民之間的衝突，因此獲得許多人的尊敬和推崇。

第18站 關西

形似土甕的城鎮

你知道新竹縣有個行政區叫作「關西」嗎？是否知道關西是全台灣最大的仙草產地呢？

十九世紀末，關西因為擁有許多丘陵，加上氣候溫暖濕潤，成為新竹重要的茶葉產區。一九八〇年代，台灣的茶葉外銷逐漸遭遇瓶頸，

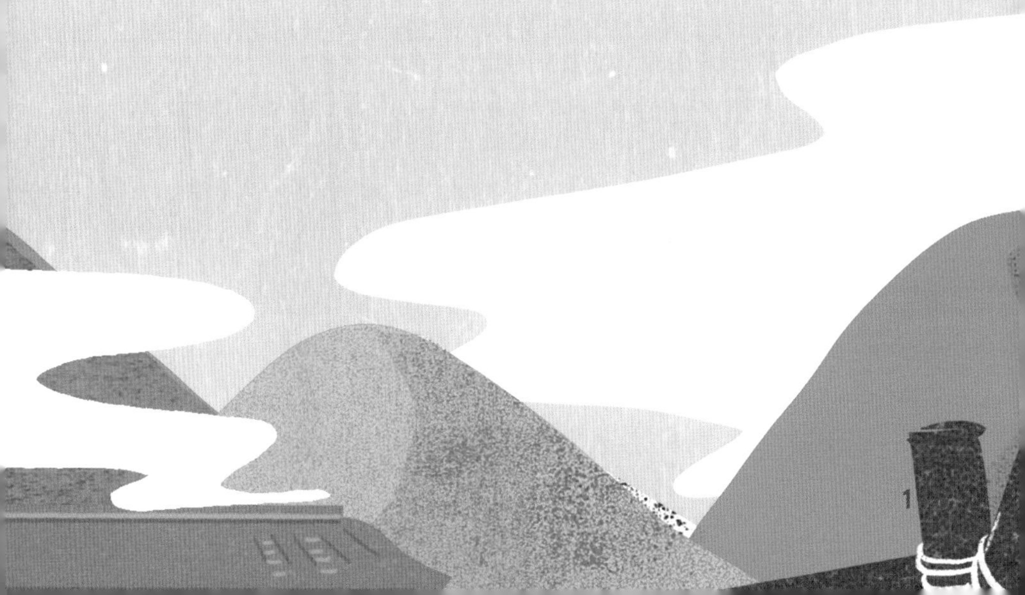

促使政府協助農民發展其他產業，進而讓關西蛻變為仙草的故鄉。

你覺得關西是什麼樣的地方？是不是想前往一遊呢？

三面有山

大約兩百年以前，許多客家人陸續來到關西開拓土地。當時，客家移民看到這裡的東、南、北三面都被山脈環繞，導致溪水流向地勢較低的西側平原，認為這樣的地形很像他們醃製鹹菜的

土甕，便把該地取名為「鹹菜甕」。

到了日本統治時期，日本官員覺得鹹菜甕這個名字過於鄙俗，就以和「鹹菜」的日文讀音相同的「關西」作為新的地名，從此沿用至今。

仙草故鄉

二十世紀末，政府為了讓農民過更好的生活，開始鼓勵各個鄉鎮發展自己的特產。

此時，關西的農會、鎮公所等機構大力協助當地農民，不但開發出可以用熱水沖泡的即溶仙

草粉，還舉辦仙草節邀請全國民眾到當地遊玩。

如今，台灣種植的仙草有一半以上來自關西，也讓這裡被稱為「仙草的故鄉」。

客家大城

根據統計，關西的居民約有九成屬於客家人，是台灣客家族群比例最高的鄉鎮之一。

台灣文學鬥士吳濁流

二十世紀末以來，台灣文學逐漸變成許多學者和民眾的關注主題。說到讓這門學問蓬勃發展的關鍵人物，就不能不提被稱為「台灣文學鬥士」、曾在關西地區任教的知名作家吳濁流（一九〇〇至一九七六年）。

一九三〇年代，擔任教職又喜歡寫漢

詩的吳濁流，先是參加在地詩社的活動，接著在日本同事的鼓勵下，開始嘗試小說創作。

第二次世界大戰結束後，吳濁流不但持續撰寫反映台灣人民生活實況的小說作品，還創辦文學雜誌《台灣文藝》，並且為台灣文學設立獎項和獎金，對於台灣文學的提倡與茁壯具有非常深遠的影響。

第19站 公館

官員的辦公館舍

你喜歡吃紅棗嗎？是否知道苗栗縣的公館鄉，是全國聞名的紅棗產地呢？

距今兩百多年前，以客家人為主的漢人移民，來到公館地區開墾定居。由於這裡擁有肥沃的土壤，加上日夜溫差較大，公館不但盛產豐富的農產品，還曾經是著名的陶瓷重鎮，近年則是積極發展觀光休閒產業。

你知道公館在台灣歷史上，扮演著什麼樣的重要角色嗎？

拓墾據點

十八世紀中期，漢人逐漸進入公館地區開闢田地。為了防備敵人攻擊，移民在近山地帶設置許多隘寮作為防衛據點，並且將地勢平坦的公館一帶取名為「隘寮下」。

隨著這裡慢慢變成熱鬧的聚落，官員也在此建造辦公館舍。後來，政府便將這裡改名為「公館」，進而沿用到今天。

陶藝之鄉

與其他地方相比，公館的土壤富有塑性和黏性，還有豐富的木材作為燃料，因而發展出利用高溫燒製器皿的陶瓷產業。

從日本統治時期開始，公館陸續引進先進的燒窯技術，一度成為酒甕及裝飾陶瓷的生產重鎮。後來，當地的陶瓷產業因為大量工廠搬到國外而日益蕭條，目前則是透過結合旅遊產業的方式，努力重振優美的陶藝文化。

觀光果園

公館非但盛產稻米，還是酸菜和紅棗的重要產區。近年來，當地出現許多觀光果園，吸引諸多遊客利用假日前去採果踏青。

當地人與事

守護偏鄉的醫師謝春梅

長久以來，人口較少或是距離行政中心較遠的偏遠地區，往往缺乏足夠的醫師與醫療資源。位於苗栗縣的公館鄉，曾有一位全年無休的謝春梅醫師（一九二二至二〇二〇年），長年守護當地與偏鄉民眾的健康。

身為公館的農家子弟，謝春梅接觸醫

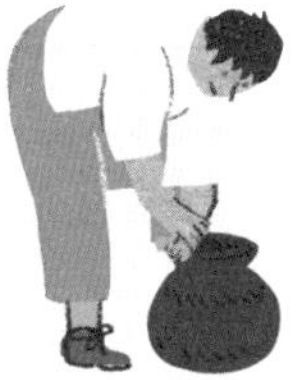

學訓練的契機，源自他在青少年時期跟隨幾位醫師學習，進而通過醫師考試，得以返回故鄉開設診所。

值得一提的是，謝春梅不但持續學習醫學新知，也熱心參與當地的政治與教育事務。此外，他的行醫範圍並不限於公館，還包含獅潭、泰安等偏遠地區，對於偏鄉醫療具有相當重要的貢獻。

第20站 三義
河流交叉的木雕聚落

你家有使用木頭製成的神像或是家具嗎？你是否知道苗栗縣的三義鄉，是全台灣知名的木雕聚落呢？

現在具有廣大名氣的三義木雕，源自當地的氣候和土壤，相當適合樟樹生長。起初，三義製

作的木雕主要銷售海外，後來受到國際經濟的衝擊，加上政府積極改善三義的對外交通，促使這裡的木雕產業逐漸與國內觀光相互結合。

你知道三義這個地名，又是怎麼來的嗎？

三叉河流

十八世紀中期，來自中國的客家移民，陸續抵達三義一帶開闢居住。當時，他們看到該地有兩條溪流在此匯流，形成「人」字形的三叉河流，便將這裡命名為「三叉河」。

到了日本統治時期，日本官員希望簡化地名，先是將「三叉河」改名「三叉」；二戰結束後，民眾認為「三叉」一名不夠典雅，台灣遂將地名改成「三義」，從此沿用至今。

木雕王國

距今一百多年以前，漢人發現樟樹不僅是優良的木材，還能煉製樟腦作為工業原料，因而進入三義山區砍伐樟樹，留下許多難以利用的樹根和樹瘤。

之後，三義居民嘗試雕刻這些木頭，製成別緻典雅的茶盤、桌子、屏風等用具，意外受到廣大消費者的青睞，也讓越來越多商家投入木雕產業，進而變成全台聞名的木雕王國。

鐵道景點

日本官員為了開發三義的樟腦事業，在當地陸續修築鐵路與車站。隨著政府在二十世紀末另外鋪設新路線，風景優美的舊鐵道，轉而變成遊客尋幽造訪的觀光勝地。

開創木雕王國的吳進寶

苗栗縣的三義鄉因為擁有廣闊的樟樹林，直到二十世紀初原本以煉製樟腦聞名。說到該地蛻變「木雕王國」的契機，源自鄉民吳進寶（一八八七至一九三一年）的突發奇想。

當時，吳進寶看到許多樟樹因為開採樟腦被砍伐，留在原處的樹瘤與樹根則被風吹雨

打、腐朽蟲蛀，進而呈現千奇百怪的樣貌，便把一些樟木帶回去加工並製成美觀的藝術品加以販售，獲得許多客人的青睞。

起初，吳進寶由於未經允許販賣受到管制的樟木，意外被日本警察拘留。獲得釋放後，吳進寶與兒子正式成立公司經營木雕事業，並邀請日本教師協助培養雕刻人才，促使三義轉型為舉世知名的木雕王國。

後記

日本統治時期的台灣歷史學家連橫（一八七八至一九三六年），因為其父親勸誡身為台灣人應該要知曉台灣的歷史，促使他日後蒐集並整理台灣相關史料，進而完成著名的《台灣通史》一書。

仔細想想，我竭盡心思撰寫《古地名裡的台灣史》

這套小書，不單希望幫助讀者更加認識台灣的人、事、物，同時也是在這塊土地生活三十餘年的自己，重新認識台灣各地的過程和嘗試。

回顧前幾年服完兵役後，我在同袍的鼓舞激勵下，開始在網路媒體撰寫歷史通俗文章。之後，我有幸獲得財團法人國語日報社邀請，在該社刊物《國語日報週刊》連載〈台灣古地名〉專欄，繼而才有這套小書的問世。

拙作能夠順利出版，首先要再次感謝同袍瑤哥帶我進入歷史書寫的世界，才有後續執筆專欄、集結出書的可能；端賴國語日報社古文主編的邀稿和幫忙，我的文字有機會搭配紹華老師的可愛插畫，以更加豐富有趣的形式呈現在各位面前。

最後，謝謝時報出版王衣卉主編為了本書所做的種種努力，下一部作品依舊要麻煩時報同仁們多多費心。

倘若本書有任何不足之處，敬請讀者先進不吝予以指正。衷心期盼這套小書可以扮演大眾與歷史之間的橋梁，促使對歷史感興趣的廣大讀者朋友，一同踏上認識台灣的歷史之旅！

參考資料

專書

♕王明義總編纂，《三峽鎮鎮誌》，台北縣：三峽鎮公所，1993。

♕王郭章作，《圖說竹塹》，新竹市：國立清華大學出版，2019。

♕王智平執行製作，《淡水》，台北市：遠流，1990。

♕司馬嘯青著，《台灣五大家族》，台北市：玉山社出版，2000。

♕古蒙仁文字、攝影，《木藝之都：大溪的木藝家族》，新北市：遠景出版，2018。

♕行政院文化建設委員會編，《跨時代的優雅：郭雪湖》，台北市：行政院文化建設委員會，2009。

♕朱德蘭著，《台灣慰安婦》，台北市：五南，2019。

♕何來美著，《鄉醫鄉依：謝春梅回憶錄》，新北市：聯經出版，2018。

♕何萍等編纂，《士林區志》，台北市：台北市士林區公所，2010。

♕ 李欽賢作，《大地・牧歌・黃土水》，台北市：雄獅，1996。
♕ 林青霞等口述，鐵屋彰子採訪撰稿，栗筱雯譯，《永遠的林青霞》，台北市：大塊文化，2008。
♕ 林俊全等執行編輯，《野柳之野》，台北縣：台北縣政府，2000。
♕ 郁永河原著，楊龢之譯注，《遇見300年前的台灣：裨海紀遊》，台北市：圓神出版，2004。
♕ 徐永欣總編輯，《三義鄉志》，苗栗縣：苗栗縣三義鄉公所，2009。
♕ 徐麗雯作，《公館家鄉寶：隘寮下的新故鄉》，台北市：行政院客家委員會，2008。
♕ 翁佳音、曹銘宗合著，《大灣大員福爾摩沙：從葡萄牙航海日誌、荷西地圖、清日文獻尋找台灣地名真相》，台北市：貓頭鷹出版，2016。
♕ 陳世一編撰，《雞籠灣傳奇》，基隆市：基隆市文化局，2005。
♕ 陳宗仁著，《雞籠山與淡水洋》，台北市：聯經出版，2005。
♕ 陳宗仁、黃子堯著，《行到新故鄉：新莊、泰山的客家人》，台北縣：台北縣客家事務局，2008。
♕ 莊展鵬主編，《台北歷史散步：艋舺・大稻埕》，台北市：遠流，1991。
♕ 陸傳傑著，《被誤解的台灣老地名：從古地圖洞悉台灣地名的前世今生》，新北市：遠足文化，2019。
♕ 張藝曦作，滿腦袋繪圖，《孤寂的山城：悠悠百年金瓜石》，台北市：麥田出版，2007。

- 黃卓權總編輯，《回首大嵙崁》，桃園縣：桃園縣立文化中心，1994。
- 湯皇珍著，《三峽・寫實・李梅樹》，台北市：雄獅，1995。
- 喻蓉蓉作，《走出畫框之外的藝術家：李梅樹》，新北市：李梅樹紀念館，2015。
- 台北市立中山女子高級中學編，《改造貓空：木柵貓空地區的歷史、地理環境與地名、產業變遷、纜車興建、人文意象建構之綜合研究》，台北市：記憶工程出版，2007。
- 廖明進著，《大溪風情》，桃園市：財團法人大嵙崁文教基金會，2019。
- 廖瑾瑗著，《四季・彩妍・郭雪湖》，台北市：雄獅，2001。
- 種籽文化工作室編著，《新竹米粉產業史》，新竹市：新竹市立文化中心，1998。
- 蔡棟雄執行編輯，《三重工業史》，台北縣：台北縣三重市公所，2009。
- 蔡棟雄執行編輯，《三重舊地名探索》，台北縣：台北縣三重市公所，2010。
- 鄭藩派編撰，《開台進士鄭用錫》，金門縣：金門縣文化局，2007。
- 賴君勝、李修瑋、王智平執行製作，《三峽》，台北市：遠流，1990。
- 薛淑麗作，《聽看三義》，台北縣：野人文化出版，2004。

♕ 鍾溫清總編纂，《瑞芳鎮誌》，台北縣：台北縣瑞芳鎮公所，2002。
♕ 謝瑞隆等撰稿，《中壢市發展史》，桃園縣：桃園縣中壢市公所，2009。

論文

♕ 方建能、張羽嵐，〈談北投石發現歷史的爭論〉，《台灣博物》33卷第4期，2014年12月。
♕ 王美晴，《困守與求變：龍潭茶業轉型之研究》，國立交通大學客家文化學院客家社會與文化學程碩士論文，2015年。
♕ 王香雅，《吳念真現象及其作品研究》，國立高雄師範大學國文學系碩士論文，2014年。
♕ 王學新，〈日治時期台灣本土菁英的社會流動之路：以簡阿牛崛起過程為例〉，《逢甲人文社會學報》第33期，2016年12月。
♕ 古鎮魁，《中壢工業區之發展與影響》，國立彰化師範大學歷史學研究所碩士論文，2010年。
♕ 吳忠政，〈三義木雕最早發現者：吳進寶〉，《苗栗文獻》第39期，2007年3月。
♕ 何素花，〈清初大陸文人在台灣之社會觀察：以郁永河的「裨海紀遊」為例〉，《台灣文獻》第53卷第1期，2002年3月。

- 李素真，〈台灣藝術家：流行音樂的啟蒙師鄧雨賢〉，《國立歷史博物館館刊：歷史文物》第23卷第11期，2013年11月。
- 李進億，〈台北橋的興建與三重埔的區域發展（1889-1945）〉，《台北文獻（直字）》第167期，2009年3月。
- 卓克華，〈新北市新莊老街的歷史變遷〉，《華人文化研究》第3卷第1期，2015年6月。
- 林心明，《響仁和鼓：一個行業傳統的傳承與再建》，國立東華大學族群關係與文化研究所碩士論文，2004年。
- 林旻秋，《老街・廟宇・械鬥：談新莊》，華梵大學建築系在職專班碩士論文，2015年。
- 林炯任，《三峽藍染業的發展與蛻變》，國立台北大學民俗藝術研究所碩士論文，2008年。
- 周宗賢，〈淡水學研究：馬偕・禮拜堂・偕醫館〉，《淡江史學》第16期，2005年6月。
- 侯奇偉、郭佳玲，〈李建和研究：以煤礦業與台灣省議會問政為中心〉，《台北文獻（直字）》第214期，2020年12月。
- 洪健榮，《清代台灣士紳與風水文化的互動：以「開台進士」鄭用錫為例》，《台灣史研究》第19卷第4期，2012年12月。
- 唐羽，〈黃金的歷史與金瓜石礦山的興替（中）〉，《新北市立黃金博物館學刊》第7期，2019年1月。
- 曹君華，《出口如何轉內銷？以三義的木雕產業轉型為例》，國立清華大學社會學研究所碩士論文，2015年。
- 許雪姬，〈楊雲萍、陳逸松、呂赫若這三個文化人與他們的時代〉，《師大台灣史學報》第9期，2016年12月。

- 陳羿安，《摸索「台灣文化」：楊雲萍的文學、民俗學與歷史學（1920-1970）》，國立交通大學社會與文化研究所碩士論文，2013年。
- 陳湘文，《苗栗公館地區紅棗的空間分布與產銷變遷》，國立高雄師範大學地理學系教學碩士班碩士論文，2015年。
- 陳慈玉，〈日治時期顏家的產業與婚姻網絡〉，《台灣文獻》第62卷第4期，2011年12月。
- 陳麗芬撰，《楊英風景觀雕塑研究》，佛光大學藝術學研究所碩士論文，2011年。
- 張貴雄，《台灣鄉村的後生產轉向：關西鎮農產業的再結構與鑲嵌》，國立台灣師範大學地理學系碩士論文，2016年。
- 黃玉惠，《日治時期休閒景點北投溫泉的開發與利用》，國立中央大學歷史研究所碩士論文，2005年。
- 黃勉雄，《台北市指南宮（木柵仙公廟）之研究》，佛光大學生命與宗教學系碩士論文，2010年。
- 黃莉婷，《地方特色產業競爭力之探討：以龍潭花生糖為例》，國立中央大學客家研究碩士在職專班碩士論文，2016年。
- 葉文琪，《貓城崛起：新北市猴硐貓觀光地景的形構》，國立台灣大學建築與城鄉研究所碩士論文，2016年。
- 詹前裕，〈膠彩畫的淵源與創作風格〉，《美育》第72期，1996年6月。
- 劉昭民、劉有台，〈台灣原住民早期之交通工具和技術〉，《中華科技史學會學刊》第19期，2014年12月。

♛ 劉冠蘭（釋法慧）撰，《楊英風藝術創作之探究：以宗教藝術與生活為主》，玄奘大學宗教與文化學系碩士論文，2020年。
♛ 鄧泰超，《鄧雨賢生平考究與史料更正》，國立台灣科技大學管理研究所碩士論文，2009年。
♛ 賴佩容，《台灣道教呂祖信仰研究：以木柵指南宮為主》，輔仁大學宗教學系碩士在職專班碩士論文，2016年。
♛ 駱淑蓉，〈硫砷銅礦的發現與金瓜石礦山〉，《新北市立黃金博物館學刊》第4期，2016年1月。
♛ 謝宜真，《苗栗公館陶瓷業的歷史變遷（1930年代迄今）》，國立高雄師範大學客家文化研究所碩士論文，2016年。
♛ 戴寶村，〈立基淡水之馬偕的宣教、醫療、教育行跡〉，《博物淡水》第13期，2021年12月。
♛ 顏義方，〈基隆顏家與台灣礦業開發〉，《台灣文獻》第62卷第4期，2011年12月。
♛ 藍鳳貞，《吳濁流與台灣文學發展之研究》，國立中央大學歷史研究所碩士論文，2012年。
♛ 羅聿倫，《交織的表象：三義木雕的實質、內涵與傳統》，國立台北藝術大學傳統藝術研究所碩士論文，2002年。
♛ 譚鴻仁，〈關係空間與鄉村發展--以龍潭椪風茶產業為例〉，《地理學報》第50期，2007年12月。

網路文章

♛〈三義歷史〉，苗栗縣三義鄉公所官方網站。（最後瀏覽時間：2023年2月27日）
♛〈海底世界探索館〉，野柳海洋世界官方網站。（最後瀏覽時間：2023年6月22日）
♛〈細說從前〉，桃園市中壢區公所官方網站。（最後瀏覽時間：2023年2月27日）
♛〈黃阿桃：大桃阿嬤〉，阿嬤家：和平與女性人權館官方網站。（最後瀏覽時間：2023年6月28日）
♛〈新莊沿革〉，新北市新莊區公所官方網站。（最後瀏覽時間：2023年2月26日）
♛〈歷史沿革〉，苗栗縣公館鄉公所官方網站。（最後瀏覽時間：2023年2月27日）
♛陳淑美文，薛繼光圖，〈還給阿嬤一個公道：台籍慰安婦走出悲情〉，《台灣光華雜誌》官方網站。（最後瀏覽時間：2023年6月28日）
♛張夢瑞，〈永遠的女主角：林青霞〉，《台灣光華雜誌》官方網站。（最後瀏覽時間：2023年6月23日）
♛郭麗娟，〈响仁和：讓全世界聽到台灣〉，《台灣光華雜誌》官方網站。（最後瀏覽時間：2023年6月24日）
♛溫振華總編纂，《北投區志》，台北市北投區公所官方網站。（最後瀏覽時間：2023年2月25日）
♛繆思林文化創意有限公司，《萬華區區志》，台北市萬華區公所官方網站。（最後瀏覽時間：2023年2月25日）

古地名裡的台灣史 北部篇

作　者　宋彥陞
繪　者　紹　華
主　編　王衣卉
行銷主任　王綾翊
封面設計　倪旻鋒
版型設計　倪旻鋒
內文排版　Anna D.

總編輯　梁芳春
董事長　趙政岷
出版者　時報文化出版企業股份有限公司
108019 台北市和平西路三段二四〇號

發行專線　(02) 2306-6842
讀者服務專線　(02) 2304-7103、0800-231-705
郵撥　19344724 時報文化出版公司
信箱　10899 台北華江郵局第 99 信箱
時報悅讀網　www.readingtimes.com.tw
電子郵件信箱　yoho@readingtimes.com.tw
法律顧問　理律法律事務所　陳長文律師、李念祖律師
印刷　和楹印刷有限公司
初版一刷　2024 年 2 月 16 日
初版三刷　2024 年 8 月 2 日
定價　新台幣 350 元

古地名裡的台灣史 . 北部篇 / 宋彥陞著 ; 紹華繪 . -- 初版 . -- 台北市 : 時報文化出版企業股份有限公司 , 2024.02
152 面 ; 14.8×21 公分
ISBN 978-626-374-611-4(平裝)
1.CST: 地名學 2.CST: 歷史地圖 3.CST: 台灣史 4.CST: 通俗作品
733.37　112018774